BEI GRIN MACHT SICH IHR WISSEN BEZAHLT

- Wir veröffentlichen Ihre Hausarbeit, Bachelor- und Masterarbeit

- Ihr eigenes eBook und Buch - weltweit in allen wichtigen Shops

- Verdienen Sie an jedem Verkauf

Jetzt bei www.GRIN.com hochladen und kostenlos publizieren

Julia Schriewer

Die Familienkonstellationen in OC California

GRIN Verlag

Bibliografische Information der Deutschen Nationalbibliothek:

Die Deutsche Bibliothek verzeichnet diese Publikation in der Deutschen Nationalbibliografie; detaillierte bibliografische Daten sind im Internet über http://dnb.d-nb.de/ abrufbar.

Dieses Werk sowie alle darin enthaltenen einzelnen Beiträge und Abbildungen sind urheberrechtlich geschützt. Jede Verwertung, die nicht ausdrücklich vom Urheberrechtsschutz zugelassen ist, bedarf der vorherigen Zustimmung des Verlages. Das gilt insbesondere für Vervielfältigungen, Bearbeitungen, Übersetzungen, Mikroverfilmungen, Auswertungen durch Datenbanken und für die Einspeicherung und Verarbeitung in elektronische Systeme. Alle Rechte, auch die des auszugsweisen Nachdrucks, der fotomechanischen Wiedergabe (einschließlich Mikrokopie) sowie der Auswertung durch Datenbanken oder ähnliche Einrichtungen, vorbehalten.

Impressum:

Copyright © 2006 GRIN Verlag GmbH
Druck und Bindung: Books on Demand GmbH, Norderstedt Germany
ISBN: 978-3-656-33136-0

Dieses Buch bei GRIN:

http://www.grin.com/de/e-book/205879/die-familienkonstellationen-in-oc-california

GRIN - Your knowledge has value

Der GRIN Verlag publiziert seit 1998 wissenschaftliche Arbeiten von Studenten, Hochschullehrern und anderen Akademikern als eBook und gedrucktes Buch. Die Verlagswebsite www.grin.com ist die ideale Plattform zur Veröffentlichung von Hausarbeiten, Abschlussarbeiten, wissenschaftlichen Aufsätzen, Dissertationen und Fachbüchern.

Besuchen Sie uns im Internet:

http://www.grin.com/

http://www.facebook.com/grincom

http://www.twitter.com/grin_com

Inhaltsverzeichnis

1. Einleitung 3
2. OC California 4
2.1 Die Cohens 4
2.2 Die Coopers 5
3. Die Entwicklung der Figuren und Änderungen in den Familienkonstellationen im Verlauf der ersten Staffel 6
3.1 Die Cohens 6
3.1.1 Sandy Cohen 6
3.1.2 Kirsten Cohen 7
3.1.3 Seth Cohen 9
3.1.4 Ryan Atwood 10
3.2 Die Coopers 12
3.2.1. Jimmy Cooper 12
3.2.2 Julie Cooper 12
3.2.3 Marissa Cooper 13
4. Abschließende Betrachtung 15
Quellenverzeichnis 17

1. Einleitung

Die Familie und ihr Zusammenleben ist im Laufe der vergangenen Jahrzehnte ein beliebtes Thema von Fernsehserien weltweit geworden.

Schon in den Siebziger Jahren wurden in den USA Familienserien wie „Denver Clan", „Dallas" oder „Falcon Crest" als so genannte „prime-time-soaps", Sendungen, die einmal in der Woche einen festen Sendeplatz während der Hauptsendezeit hatten, produziert und ausgestrahlt. Viele dieser Serien fanden ihren Weg in das deutsche Fernsehen.[1]

Auch heute sind Familienserien ein wichtiger Bestandteil des Fernsehprogramms und es entstehen immer wieder neue Serien, die die Menschen in die fiktive Serienwelt entführen. Eine dieser neuen Serien ist O.C. California (The O.C.). Die Serie stammt aus der Feder des heute 30 jährigen Josh Schwartz, der die Serie im Alter von 26 Jahren schrieb und so als jüngster Schöpfer einer Fernsehserie in die Geschichte eingegangen ist. Schwartz verarbeitet in der Serie seine eigenen Erfahrungen. Nach dem Schulabschluss zog es ihn an die Universität von Südkalifornien (USC). Seine Beobachtungen und die Erfahrungen verarbeitete er zu einer Serie, die mit Nominierungen und Preisen ausgezeichnet wurde und eine der erfolgreichsten Serien des Jahres 2003 war. Schwartz selber wurde für die Pilot Folge für den „Writers Guilt of America"- Preis nominiert.[2]

Dass die Serie besonders bei Teenagern sehr beliebt ist, belegen die Nominierungen und Auszeichnungen der Serie bei den „Teen-Choice Awards".[3] Die Sieger dieses Preises werden von Teenagern im Alter von 13 bis 19 Jahren gewählt.[4]

Über die Ausstrahlung der Serie hinaus werden auf zahlreichen Internetseiten wie z.B. „The OC Show.com"[5], die Episoden, Charaktere und Schauspieler in Foren diskutiert, Bilder ausgetauscht und auch Fortsetzungen von Fans selber geschrieben. Außerdem sind neben DVDs und Büchern zur Serie, zahlreiche Produkte erschienen, die die Herzen der Fans höher schlagen lassen.

Besonders die Soundtracks zur Serie und Informationen über die Kleidung, die in der Serie getragen wird, sind sehr begehrt.

Die Darsteller, die bis zum Start der Serie weitgehend unbekannt waren, haben durch die Ausstrahlung Ruhm erlangt, erscheinen in neuen Produktionen und sind mit zahlreichen

---

[1] Wünsch Marianne, Jan-Oliver Decker, Hans Krah: Das Wertesystem der Familien im Fernsehen. In : Themen, Thesen, Theorien. Bd. 9.1996. S.13f.
[2] http://www.myfanbase.de/index.php?mid=916&pid=2052
   http://german.imdb.com/name/nm0777300/awards
[3] http://german.imdb.com/title/tt0362359/awards
[4] http://www.fox.com/teenchoice/showinfo
[5] http://www.theocshow.com

Preisen ausgezeichnet worden. Lediglich Peter Gallagher war einem größeren Publikum durch zahlreiche Auftritte in Film und Fernsehen bereits bekannt.

Da der Gegenstand dieser Arbeit die Familienkonstellationen in der Serie OC California sind, möchte ich mich im folgenden Teil mit der ersten Staffel der Serie beschäftigen. Die unterschiedlichen Familienmodelle zweier Familien in der Serie stehen im Vordergrund meiner Analyse.

Meine Beobachtungen stützen sich auf die ersten 27 Folgen der Serie, die ich im Anhang noch aufzählen werde. Jede Folge umfasst eine Spielzeit von ungefähr 44 Minuten. Die Handlung der ersten Staffel beginnt im Sommer und endet circa ein Jahr später.

In der abschließenden Betrachtung werde ich die Familienkostellationen noch einmal herausstellen und Überlegungen zum Erfolgskonzept der Serie durchführen.

2. OC California

OC California ist der Titel einer Familienserie, die in Newport Beach in Orange County spielt. Orange County ist der zweitgrößte Bezirk in Kalifornien. Newport Beach ist eine Hafenstadt und gilt als eine der reichsten Städte der USA.[6] Im Mittelpunkt der Serie stehen zwei benachbarte Familien, die in Newport Beach leben: Die Familie Cohen und die Familie Cooper. Beide Familien leben in großzügig eingerichteten Häusern.

Im Folgenden möchte ich nun auf die beiden Familien eingehen und schildern, wie sie dem Zuschauer zu Beginn der Serie begegnen.

2.1 Die Cohens

Sandy Cohen, ein Mann Mitte vierzig, ist ein Pflichtverteidiger. Er stammt aus dem New Yorker Stadtteil Bronx und ist ohne Vater aufgewachsen.

Seine Mutter war Sozialarbeiterin, die nur wenig Zeit für ihren Sohn aufbringen konnte und stets damit beschäftigt war, anderen Kindern zu helfen. Sandy wuchs im kriminalistischen und brutalen Umfeld der Bronx auf und nur ein Stipendium ermöglichte seinen Ausstieg aus dieser Welt und eine gesicherte Ausbildung. Mit 16 Jahren verließ er sein Zuhause und ließ somit sein, altes Leben, seine Mutter und zwei Geschwister in New York zurück.

Sandy ist mit Kirsten Cohen verheiratet. Sie ist etwas jünger als ihr Ehemann Sandy und entstammt der reichen und angesehenen Familie Nicol. Ihr Vater Caleb Nicol ist Chef der großen Immobilienfirma „Newport Group", für die auch Kirsten arbeitet. In ihrer Freizeit

---

[6] http://de.wikipedia.org/wiki/Newport_Beach

nutzt Kirsten ihre organisatorischen Fähigkeiten, um Feste für die Gemeinschaft in Newport Beach zu planen.

Sandy und Kirsten haben einen gemeinsamen Sohn Seth.

Seth ist 16 Jahre alt und ein Einzelgänger, der in seiner eigenen Welt lebt und von den Mitschülern seiner High School gemieden wird. Seine Welt sind die Comics und er träumt von einer Segeltörn nach Tahiti. Seine etwas unbeholfene Art, sein Humor im Umgang mit anderen Menschen und seinem Schicksal, lassen ihn jedoch zu seinem sehr sympathischen Charakter werden.

Ein weiterer Charakter, der in der ersten Folge in das Leben der Familie Cohen tritt, ist Ryan Atwood.

Ryan stammt aus der nahe gelegen Stadt Chino, eine Stadt, die ein erhöhtes, kriminelles Umfeld aufzuweisen hat und bei den Anwohnern von Newport Beach ein schlechtes Ansehen genießt. Ryan wird beim Klauen eines Autos mit seinem ebenfalls kriminellen Bruder Trey erwischt und erhält Sandy Cohen als Pflichtverteidiger. Trey wird aufgrund seiner kriminellen Vorgeschichte eine längere Zeit im Gefängnis verbringen müssen. Sandy Cohen entdeckt in Ryan einen jungen Mann mit schlechten Noten aber zugleich wird ihm das Potenzial für eine Ausbildung am College zugemutet. Ryans Vater ist ebenfalls im Gefängnis und seine Mutter Dawn ist Alkoholikerin. Als sie Ryan unter Alkoholeinfluss aus dem Haus wirft, nimmt Sandy den jungen Ryan vorübergehend im Hause der Cohens auf. Nachdem Ryans Mutter plötzlich mit ihrem Lebensgefährten verschwunden ist, bekommen die Cohens die Vormundschaft für Ryan.

2.2 Die Coopers

Familienoberhaupt Jimmy Cooper ist als Finanzberater tätig. Er ist ebenfalls Anfang 40, stammt aus Newport Beach und kennt Kirsten Cohen schon seit seiner Kindheit. Wegen falscher Kalkulationen gerät er in Geldnot und versucht, mit dem Geld seiner Klienten die Lage vorübergehend zu verbessern.

Jimmy ist mit Julie Cooper verheiratet. Sie ist Mitte 30, genießt die Vorzüge als Frau eines erfolgreichen Mannes in vollen Zügen und gibt das von Jimmy verdiente Geld für die schönen Dinge des Lebens aus. Geld und Ansehen stehen für sie an vorderster Stelle.

Jimmy und Julie haben zwei gemeinsame Kinder. Marissa ist 16 Jahre alt und Kailtin ist circa 13 Jahre alt.

Marissa ist ein aufgeschlossenes Mädchen, das schon einige Jahre mit ihrem Freund Luke Ward, ein in der Schule angesehener Junge, zusammen ist. Ihre beste Freundin ist Summer

Roberts, die ebenfalls aus einem reichen Elternhaus stammt. Summers Vater ist Schönheitschirurg.

Über Kaitlin erfährt der Zuschauer sehr wenig. Sie scheint in den wenigen Szenen ihrer Mutter sehr ähnlich zu sein. Äußerlichkeiten nehmen in ihrem Leben einen bedeutenden Platz ein.

3. Die Entwicklung der Figuren und Änderungen in den Familienkonstellationen im Verlauf der ersten Staffel

Im Folgenden werde ich die Hauptcharaktere und deren Familien-konstellationen analysieren. Dabei ist zu beachten, dass die Serie rund um das Leben der Familie Cohen aufgebaut ist. Deshalb sind die Charaktere der Cohens und von dem neuen Mitglied Ryan Atwood am komplexesten und ausführlichsten ausgebaut.

3.1 Die Cohens

3.1.1 Sandy Cohen

Über die Figur des Sandy Cohen erfährt der Zuschauer schon zu Beginn der ersten Staffel viel. Beim ersten Zusammentreffen mit Ryan Atwood im Gefängnis erkennt Sandy die Parallelen zwischen Ryan und sich selbst: Sandy schaffte es nur durch ein Stipendium, seine Jugend in einem gefährlichen Milieu hinter sich zu lassen. Er hatte die Möglichkeit einer Ausbildung und schaffte den Sprung zwischen den beiden Welten. Nachdem er 15 Jahre als Anwalt gearbeitet hat, ist er ein angesehener Bürger, hat eine Familie und lebt ein gesichertes Leben in Newport Beach.

Sandy ist ein sehr sozialer Mensch. Er nimmt sich der Probleme Ryans an und auch im Verlauf der Serie sieht man, wie er sich immer wieder für andere Menschen einsetzt. Er klärt Probleme in der Familie, ist zuverlässig in seinem Beruf und ist immer für seine Freunde da. Er hilft seinem Nachbarn Jimmy, als dieser als Unternehmer vor dem Aus steht und die Familie Cooper zerbricht. Sandy überwindet seine Antipartie gegen Jimmy, der Sandys Kirsten geküsst hat. Nach einem klärenden Gespräch mit Kirsten ist dieser Vorfall für Sandy abgeschlossen und er bietet Jimmy seinen Rechtsbeistand an.

Die beiden Männer freunden sich im Verlauf der ersten Staffel an und planen sogar den Aufbau eines eigenen Restaurants. Sein Äußeres Verhalten stimmt mit seinem Inneren Verhalten überein. Sandy ist ein Mann der Gerechtigkeit und steht hinter seinen Idealen. Er möchte Ryan zeigen, dass er Potenzial hat, um sich aus der kriminellen Welt von Chino zu lösen und um sich eine sichere Zukunft aufbauen zu können. Zur Not auch ohne seine leibliche Familie.

Sandy führt viele Gespräche mit Ryan und seinem Sohn Seth, bietet ihnen immer seine Hilfe an, wenn Probleme auftreten. Auch für seine Frau Kirsten ist er immer da. Zwischen den beiden Partnern entstehen immer wieder Konflikte. In vielen dieser Auseinandersetzungen geht es um Kirstens Vater Caleb, der Sandy nie mochte und für den die Geschäfte seiner Newport Group immer an erster Stelle stehen. Als ein Prozess gegen die Newport Group geführt wird, vertritt Sandy die Anklage gegen die Firma seines Schwiegervaters. Er handelt sehr durchdacht und möchte auch die Menschen in seinem Umfeld unterstützen, Konflikte durchdacht zu lösen. Die Spannung zwischen Kirsten und ihrem Vater Caleb belasten Sandy, jedoch steht er immer zu seiner Frau und versucht auch durch Gespräche Caleb auf den richtigen Weg zu bringen. Trotzdem sind Sticheleien und Streitereien beim Aufeinandertreffen von Caleb stets vorprogrammiert. Sandy ist nicht bereit, sich Caleb unterzuordnen und bietet ihm Paroli.

Der feinen Gesellschaft von Newport Beach steht Sandy kritisch und sarkastisch gegenüber. Er hat in seiner Jugend ein anderes Leben kennengelernt. Dem oberflächlichen Verhalten der vielen Anwohner (z.B. Kirstens Bekannten), die reich geboren wurden und immer die Vorzüge des Reichtums genießen konnten, sowie den in regelmäßigen Abständen Events der High Society, kann er nichts abgewinnen. Da Kirsten aber viele Wohltätigkeitsveranstaltungen und Bälle organisiert, begleitet er sie meistens. In seiner Freizeit geht er seinen Hobbys nach: Er surft gerne und spielt Golf.

Veränderungen an Sandys Charakter in der ersten Staffel sind kaum zu erkennen. Lediglich die Freundschaft zu Jimmy hat sich zum Positiven entwickelt. Zu Beginn hatten die beiden Nachbarn ein zwiespältiges Verhältnis besonders weil Jimmy und Kirsten früher ein Paar gewesen waren. Sandy gelingt, es die Vergangenheit der beiden hinter sich zu lassen und eine Freundschaft zu Jimmy aufzubauen.

3.1.2 Kirsten Cohen

Kirsten Cohen kann als eine moderne Geschäftsfrau beschrieben werden. Sie arbeitet in der Firma ihres Vaters, beschäftigt sich mit Immobilien und organisiert in ihrer Freizeit Veranstaltungen für wohltätige Zwecke. Sie ist in Newport Beach groß geworden, unterscheidet sich aber von der Gruppe der meisten Newport Beach Frauen. Kirsten pflegt Freundschaften zu ihrer Nachbarin Julie Cooper und weiteren Frauen, geht gemeinsam mit ihnen zum Sport oder trifft sich mit ihnen zu Brunch. Dennoch identifiziert sie sich nicht mit diesen Frauen. Oberflächliche Gespräche, lästern über die Probleme anderer Familien und deren stetiges Interesse am Wohlstand, sind nicht ihre Welt. Sie widerspricht, fordert die Freundinnen auf, Situationen zu hinterfragen und nicht verletzend weiterzutratschen.

Mit Sandy führt sie eine gute Ehe. Dennoch verlangen die Berufe den beiden Partnern viel ab und gemeinsame Zeit ist nur selten vorhanden. Konflikte entstehen immer wieder zwischen Sandy und Kirstens Vater Caleb. Als sie während des Prozesses, den Sandy gegen ihren Vater und seine Firma führt, von deren illegalen Machenschaften erfährt, zeigt sie sich ihrem Ehemann loyal gegenüber und vertraut ihm wichtige Dokumente an.

Sandy kann so Calebs Plan vereiteln. Als Sandy Ryan mit nach Hause bringt, ist Kirsten zunächst entsetzt und sorgt sich um das Wohl der Familie. Doch als Ryan von seiner Familie im Stich gelassen wird und wieder im Gefängnis kommt, erkennt sie bei einem Besuch dort, wie schwer es Ryan in einem Umfeld voller Schwerverbrecher haben wird und die entscheidet sich für ihn.

Ryan gegenüber signalisiert sie stets Unterstützung und nachdem Ryans alkoholsüchtige Mutter verdeutlicht, dass sie ihrem Sohn keine Zukunft bieten kann und er besser ohne sie aufgehoben ist, unterschreiben die Cohens die Vormundschaft und nehmen ihn so in ihre Familie auf.

Kirsten vertritt ähnliche Ideale wie ihr Mann Sandy. Sie hilft, wo sie kann und unterstützt ihren alten Freund Jimmy. Nachdem dieser durch schlechte Geschäfte vor den Trümmern seines Lebens steht, verteidigt sie ihn und lässt ihn nicht fallen. Auch Jimmys Frau Julie redet sie in das Gewissen. Ohne Erfolg. Ryans Exfreundin Theresa, die im Verlauf der ersten Staffel nach Newport Beach kommt, steht sie bei einer ungewollten Schwangerschaft bei. Ihr vertraut Kirsten an, dass sie selbst einen Schwangerschaftsabbruch hinter sich hat und sie in dieser Zeit niemanden hatte, der sie sich anvertrauen konnte.

Sie möchte daher für Theresa da sein.

Ihr Vater Caleb ist eine wichtige Figur in ihrem Leben. Von ihm erwünscht sie sich Anerkennung und sie arbeitet hart, um ihn zufrieden zu stellen. Er scheint seine Tochter eher als Geschäftspartnerin anzusehen und sein Verhalten trifft Kirsten tief. Als ihre Schwester Hailey nach zwei jähriger Abwesenheit wieder in ihren Leben auftaucht, ist sie geschockt. Hailey lebt ein komplett anderes Leben, ist unbeständig, hat keinen festen Job, nimmt Drogen und hat Geldprobleme. Dass Caleb seiner verschwundenen Tochter viel mehr Aufmerksamkeit widmet, kränkt Kirsten umso mehr. Doch sie muss erkennen, dass Caleb in Hailey seine verstorbene Ehefrau sieht, die er immer sehr verehrte. Es kommt zum Streit zwischen Kirsten und Hailey, auch dabei steht Sandy Kirsten zur Seite.

Das Verhältnis von Kirsten zu Sandys Mutter Sophie war immer gespalten. Sophie konnte nicht viel mit einer Karrierefrau anfangen, die nicht kochen kann und eine Haushälterin angestellt hat. Als die Schwiegermutter an Krebs erkrankt, kann Kirsten sie im Gespräch dazu bewegen, sich einer Behandlung zu unterziehen. Als Caleb sich mit Julie verlobt, ist Kirsten entsetzt und lässt das auch ihren Vater wissen. Dennoch wendet sie sich nicht von ihm ab, respektiert seine Entscheidung und hilft Julie, einen Junggesellinnenabschied und auch die später stattfindende Hochzeit zu organisieren. Das Glück ihres Vaters bedeutet ihr auch in dieser Situation sehr viel. Kirsten handelt meistens sehr durchdacht und ist nach Auseinandersetzungen bereit, Fehler einzugestehen. Sie ist nicht nur eine moderne Geschäftsfrau, sie ist auch eine gute Mutter. Ihr mütterlicher Instinkt kommt vielen Personen zugute und am Ende, als Ryan sich entschließt, zurück nach Chino zu gehen, weint sie bitterlich um ihn.

3.1.3 Seth Cohen

Seth Cohen ist ein Außenseiter, der in einer eigenen Welt zu leben scheint, mit Menschen seines Alters nicht umgehen kann und versucht sich mit seinem Schicksal abzufinden. Er redet wie ein Wasserfall, ist häufig sehr nervös und beweist in Gesprächen stets viel Sarkasmus und Humor. Sein Skateboard, seine Comics und seine Musik begleiten ihn meistens auf seinen Ausflügen. Mit seinem Großvater Caleb verbindet er eine Leidenschaft für das Segeln. In Sportteams der Schule ist er nicht aktiv, da die Mitschüler dort zu sehr über ihn lästern. Als Ryan in sein Leben tritt, scheint Seths Leben jedoch eine Wende zu nehmen. Er vertraut sich dem unbekannten und vorbestraften Jungen aus Chino an und nimmt ihn mit auf sein Segelboot, das er nach seiner großen Liebe Summer benannt hat. Gemeinsam verbringen Seth und Ryan Zeit mit Videospielen oder sie schlendern entlang der Strandpromenade. Ryan ist für Seths Leben eine Bereicherung und er ist entsetzt, als Ryan in ein Heim gebracht werden soll. Seth versteckt seinen neuen Freund daraufhin in einem Musterhaus von Kirsten.

Man kann schnell erkennen, dass Ryan der erste Freund von Seth ist. Mit ihm traut er sich auf seine ersten Partys, dennoch wird Seth von seinen Mitschülern immer wieder gehänselt. Ryan verteidigt Seth und es kommt nicht selten zu Schlägereien. Seth bringt Ryan großes Vertrauen entgegen: Er erzählt ihm von einer großen Liebe Summer Roberts, die aber von ihm nicht wissen will. In seiner neuen Mitschülerin Anna findet Seth eine Seelenverwandte. Sie teilen eine gemeinsame Vorliebe für Comics und Anna soll ihm helfen, Summer zu erobern. Durch Anna wird Seth selbstbewusster, jedoch entwickelt Anna Gefühle für Seth. Nachbarin

Marissa, die vor Ryans Ankunft nichts von Seth wissen wollte, stößt schnell zu den Freunden Ryan und Seth. Genauso wie Summer Roberts, Marissas beste Freundin. Obwohl Summer sehr selbstbewusst ist und anfangs mit dem Schultrottel Seth nichts zu tun haben will, findet sie langsam Gefallen an ihm. Dies lässt sie aber nur Seth wissen, in die Öffentlichkeit traut sie sich nicht mit ihm. Seth ist enttäuscht und es entsteht eine Dreiecksbeziehung zwischen Anna, Summer und Seth.

Schließlich werden Anna und Seth ein Paar, doch schnell erkennen beide, dass Seths Herz eigentlich nur für Summer schlägt. Anna ist unzufrieden und beendet die Beziehung. Wenig später gesteht Seth Summer endgültig seine Liebe, sie werden ein Paar und auch die Öffentlichkeit nimmt Teil an ihrer Liebe. Es entstehen immer wieder Konflikte zwischen Seth und Summer, doch zum Ende der ersten Staffel siegt die Liebe der beiden.

Für Seth sind die Beziehungen zu Summer und Anna ein großer Fortschritt in seinem Leben. Seth zeigt sich hilfsbereit als Ryans Exfreundin Theresa schwanger wird. Er erklärt sich sogar bereit, sein geliebtes Segelboot „Summerbreeze" zu verkaufen, um Theresa und Ryan zu helfen. Doch schlussendlich scheitert der Verkauf. Die Beziehung zu seinen Eltern ist gut. Sandy ist Jude und Seth fühlt sich dem Judentum sehr verbunden. Da Kirsten Christin ist, kreiert er den gemeinsamen Feiertag Weihnukka. Gemeinsam mit Sandy zieht er Kirsten oft mit ihren fehlenden Kochkünsten auf.

Seth verändert sich im Verlauf der ersten Staffel, wird selbstbewusster und hat seine ersten Beziehungen. Als Ryan jedoch Newport Beach verlässt, bricht für ihn eine Welt zusammen und auch seine Liebe zu Summer kann ihn nicht davon abhalten, sein Zuhause zu verlassen und mit seinem Segelboot zu fliehen.

3.1.4 Ryan Atwood

Ryan Atwood lebte zusammen mit seiner alkoholsüchtigen Mutter, ihrem Lebensgefährten AJ und seinem Bruder in einer heruntergekommenen Unterkunft in Chino. Mit der Aufnahme bei den Cohens kommt Ryan in ein völlig neues Milieu und erlebt ein Familienleben, das er vorher nicht kannte. Obwohl Kirsten Bedenken hatte, einen kriminellen Jugendlichen ins Haus zu holen, nehmen alle Familienmitglieder Ryan herzlich auf und kümmern sich gemeinsam um sein Wohlergehen.

Ryan verhält sich den Cohens gegenüber mit viel Respekt und versucht, die Familie nicht zu enttäuschen. Er nimmt einen Job in einem Restaurant an, um finanziell unabhängiger zu werden. Dennoch ist das Leben in dieser neuen Welt schwer für Ryan. Immer wieder sieht er sich Konflikten mit anderen Jugendlichen ausgesetzt, die ihn wegen seiner Herkunft aufziehen. Er wird selbstständig, greift ein, verteidigt und wehrt sich. Sein spontanes Verhalten bringt ihn oft in Schwierigkeiten. Ryan ist sehr emotional und kann seine Gefühle kaum unter Kontrolle halten. Nicht selten enden Streitereien in einem Kampf und immer kehrt Ryan mit blauen Flecken zu den Cohens zurück.

Die Cohens zeigen sich deshalb sehr besorgt und Sandy macht Ryan klar, dass er nicht alleine ist und bei Problemen erst das Gespräch mit ihm suchen soll. Selten nimmt Ryan jedoch dieses Angebot wahr, er löst Konflikte lieber sofort.

Schon zu Beginn der Staffel entwickelt sich ein Konflikt zwischen Ryan und Luke Ward. Marissa Cooper findet Gefallen an dem unbekannten neuen Nachbarn. Ihr Freund Luke kommt ihr schnell auf die Spur und macht Ryan gemeinsam mit seinen Freunden das Leben schwer. Im Verlauf der ersten Staffeln werden Marissa und Ryan ein Paar, ihre Beziehung wird aber immer wieder von Problemen überschattet und es kommt zu Trennungen.

Ryan ist ein sehr sozialer Mensch und setzt sich stets für seine Freunde ein. Meistens jedoch wenig durchdacht. Er unterstützt Set, hält zu Luke als sich dessen Vater als homosexuell geoutet hat und die meisten Freunde von Luke Abstand nehmen. Als ihm sein Bruder Trey aus dem Gefängnis um Hilfe bitte, besucht Ryan ihn sofort und läuft Gefahr, erneut in kriminelle Handlungen verwickelt zu werden. Er kümmert sich auch um seine Exfreundin Theresa wissend, dass er dadurch die Beziehung zu Marissa aufs Spiel setzt. Weitere Konflikte entstehen mit Marissas Mutter Julie, die Ryan nicht bei ihrer Tochter duldet und mit Eddie, dem neuen Partner von Exfreundin Theresa, der sie immer wieder schlecht behandelt.

Ryans aufbrausender Charakter dominiert sein Handeln und auch in der Schule führt das immer wieder zu Problemen. Die Direktorin hat ihn trotz schlechter Noten und seiner kriminellen Vergangenheit auf die angesehene Habor Highschool aufgenommen, weil sie Potenzial indem jungen Mann sieht und ihm eine Chance geben möchte.

Unbekannten bringt Ryan zunächst viel Skepsis entgegen. Dieses Misstrauen hilft den Freunden, als der psychisch Kranke Oliver in Marissas Leben tritt. Nur Ryan hält sein Misstrauen gegenüber Oliver aufrecht und glaubt Olivers Geschichten nicht. Am Ende kann Ryan Marissa vor Oliver beschützen.

Materielle Gegenstände spielen für Ryan kaum eine Rolle. Er trägt stets die gleichen Outfits und zeigt kein Interesse an der Designerkleidung seiner Freunde. Er sieht sich nicht als Mitglied der Gemeinschaft Newport Beachs. Er weiß, wo seine Wurzeln liegen, möchte dennoch die Chance auf ein besseres Leben nutzen.

3.2 Die Coopers

3.2.1. Jimmy Cooper

Jimmy Cooper entstammt einer reichen Familie und ist als Finanzplaner tätig. Als er durch schlechte Geschäfte in Schwierigkeiten gerät und allen Besitz verkaufen muss, verlässt ihn seine Frau Julie gemeinsam mit seinen Töchtern Kaitlin und Marissa. Da Julie nicht bereit ist, Jimmy zu helfen, wendet er sich an seine alte Freundin Kirsten Cohen. Nur ihr vertraut er sich anfangs an und spricht mit ihr über seine finanzielle Not. Er ist bereit, für seine Fehler gerade zu stehen und würde sogar einen Gefängnisaufenthalt in Kauf nehmen. Auffallend ist, dass Jimmy oft spontan handelt. Er möchte andere nicht belasten. Dieses Verhalten führt zur geschäftlichen Katastrophe. Durch die fehlende Unterstützung der Familie gelingt es ihm nicht, die Probleme auf eigene Faust zu lösen. Die Cohens unterstützen ihn schließlich und können ihn vor dem Gefängnis bewahren. Jimmy möchte seinen Töchtern ein gutes Leben ermöglichen, macht sich ständig Vorwürfe und versucht alles, um sie nicht mit seinen Problemen zu konfrontieren. Er möchte heimlich wegziehen um seine Kinder zu schützen. Kirsten kann ihm diesen Plan jedoch ausreden. Marissa hält trotz der Probleme zu ihrem Vater und zieht schließlich zu ihm.
Im Verlauf der Staffel verliebt sich Jimmy in Kirstens Schwester Hailey und sie werden ein Paar. Jimmy Leben scheint eine positive Wende zu nehmen als er durch ein gemeinsames Geschäft mit Sandy von Caleb genug Geld bekommt, um einen Neuanfang zu starten. Doch nachdem die finanziellen Probleme geklärt sind, steht er vor einem Problem ganz anderer Natur: Julie heiratet Caleb und will das alleinige Sorgerecht für Marissa. So entsteht für Jimmy erneut ein Konflikt mit Caleb, der ihn durch seine finanzielle Unterstützung in der Hand zu haben scheint.

3.2.2 Julie Cooper

Für Julie Cooper begegnet dem Zuschauer als eine Person, für die Reichtum und Ansehen das Wichtigste im Leben sind: Sie erscheint stets perfekt gekleidet und man sieht sie äußerst selten in der Rolle der sorgenden Mutter, die sich bei Problemen mit ihren Kindern zusammensetzt. Die Probleme, die sie mit Marissa bespricht, sind lediglich von oberflächlicher Natur.
Als ihr Mann Jimmy finanzielle Probleme hat, verlässt sie ihn und lässt ihn mit seinen Problemen im Stich. Die Beziehung scheint sich nur über materielle Werte definiert zu haben. Liebe zu Jimmy ist nicht vorhanden. Marissa möchte sie kontrollieren und dazu zwingen,

keine Beziehung mit Ryan einzugehen, da Luke Ward eher ihren Vorstellungen eines perfekten Schwiegersohnes entspricht. Marissa hört jedoch nicht auf sie.

Julie hat kein eigenes Einkommen und biedert sich bei Caleb Nichol an. Sie bekommt eine Anstellung in Calebs Firma und beginnt ein Verhältnis mit Kirstens Vater. Auch hier scheint sie es wieder auf sein Vermögen und Ansehen abgesehen zu haben. Als sich Caleb vorrübergehend von ihr trennt, beginnt sie eine Affäre mit Luke, dem Exfreund ihrer Tochter Marissa. Sie handelt ausschließlich eigensinnig. Auf die Gefühle anderer nimmt sie keine Rücksicht. Als die Beziehung auffliegt, Caleb ihr einen Heiratsantrag macht und Marissa flüchtet, versucht sie ihre Tochter durch Erpressungen an sich zu binden. Am Ende zieht Marissa zu Caleb und Julie um ihren Vater Jimmy zu schützen.

Julie entstammt aus armen Verhältnissen und hat nur durch die Heirat mit Jimmy den Sprung in die High Society geschafft. Zu ihrer Familie in Riverside scheint sie keinen Kontakt zu haben. Als vor der Hochzeit ihre Schwester Cindy auftaucht ist sie peinlich berührt. Eine Konfrontation mit ihrem alten Leben möchte sie nicht.

Ihre Freundschaft zu Kirsten ist schwer zu definieren. Es gibt immer wieder Konflikte, da sich Kirsten charakteristisch sehr von Julie unterscheidet und sich bemüht, Julie von ihrem fragwürdigen Verhalten gegenüber Menschen in ihrem nahen Umfeld, abzubringen. Ryan macht Julie für Marissas Probleme verantwortlich.

3.2.3 Marissa Cooper

Schon in der ersten Folge erahnt der Zuschauer, dass Marissas Leben Probleme birgt. Bewusstlos nach einem Alkoholexzess wird sie vor dem Haus ihrer Eltern abgelegt. Ihre heile Welt bricht endgültig zusammen, als Jimmy sein Vermögen verliert und Julie ihn verlässt. Dennoch hält Marissa zu ihrem Vater und mit der Zeit beginnt sie, ihre Mutter für ihre intriganten Taten zu verabscheuen. Marissa machen die Probleme ihrer Familie schwer zu schaffen und auch nach der Trennung ihrer Eltern sieht sie sich immer wieder neuen Schicksalsschlägen ausgesetzt. Nach dem Ende ihrer langen Beziehung mit ihrem untreuen Freund Luke beginnt sie eine Beziehung mit Ryan Atwood, doch familiäre Probleme und die Konflikte um Ryan nagen schwer an ihrer Psyche. In der Familie hat sie keine Ansprechpartner. Jimmy möchte sie nicht mit ihren Problemen zusätzlich belasten, Julie ist stets mit sich selbst beschäftigt und zu ihrer Schwester Kaitlin hat Marissa kaum eine Beziehung. Auch mit ihrer besten Freundin Summer redet sie nicht über ihre Probleme und Sorgen und so beginnt sie zu trinken. Immer wieder findet man sie bewusstlos und Ryan machen die Sorgen seiner Freundin schwer zu schaffen. Seine Hilflosigkeit wird deutlich, als sie bei einem gemeinsamen Einkauf beim Klauen erwischt wird.

Marissa macht eine Therapie und lernt dort Oliver kennen. Sie erkennt nicht, dass Oliver schwere psychische Probleme hat und sie verbringt viel Zeit mit ihm obwohl Ryan sie immer wieder warnt. Als es schließlich zu einem Zwischenfall kommt, beendet Ryan die Beziehung. Ohne gegenseitiges Vertrauen sieht er keine Zukunft für ihre Partnerschaft. Als sie sich später wieder annähern, trifft Marissa erneut ein Schicksalsschlag als sie erfährt, dass Theresa schwanger ist und Ryan möglicherweise der Vater sein könnte. Sie lässt schließlich Ryan ziehen, obwohl sie ihn sehr liebt.

Marissa teilt die Charaktereigenschaften ihrer Mutter nicht. Obwohl stets gut gekleidet, legt sie nicht so viel Wert auf Äußerlichkeiten und Ansehen. Ihre Beziehung zu Nachbar Seth entwickelt sich zu einer guten Freundschaft und sie ist auch für Theresa da, obwohl sie die Exfreundin von Ryan ist. Zu Beginn ist sie in der Schule sehr aktiv und beteiligt sich auch in ihrer Freizeit an der Organisation von verschiedenen Projekten. Als aber ihre Probleme zunehmen, möchte sie ihre Verantwortung abgeben und scheut sich, in die Schule zu gehen. Viele Schüler lästern über ihre Familie. Für Marissa ist die Familie sehr wichtig und daher scheint sie zu zerbrechen, als Julie Jimmy mit Caleb betrügt und Marissas letzte Hoffnungen auf ein gemeinsames Zusammenleben zerbrechen. Nach einer Überdosis Tabletten und Alkohol wacht sie im Krankenhaus wieder auf. Eine zwischenzeitige Affäre Julies mit Marissas Exfreund verletzt sie sehr und das Verhältnis zu ihrer Mutter ist schwer angeschlagen. Um Marissa zu kontrollieren, erpresst Julie sie mit dem Einfordern des alleinigen Sorgerechts.

Da sie Jimmy schützen möchte, zieht Marissa bei Caleb und Julie ein. Marissas Gefühlswelt wird seit dem Zerbrechen der Familie nach dem geschäftlichen Aus von Jimmy von einem ständigen Auf und Ab dominiert.

Auf einen gelösten Konflikt kommt immer ein neuer Schock. Sie agiert immer sehr spontan, lässt sich nur durch Emotionen leiten und ist daher in der ersten Staffel sehr labil. Die Therapie schlägt fehl. Es zeigt sich, dass es Marissa immer an Ansprechpartnern gefehlt hat und sie immer damit beschäftigt war, Probleme mit sich selbst auszumachen. Nachdem sie bei Caleb und Julie eingezogen ist, greift sie wieder zum Alkohol und versucht so, ihre Sorgen und Nöte in den Griff zu bekommen.

4. Abschließende Betrachtung

Josh Schwartz hat mit den Cohens und Coopers zwei Familien geschaffen, deren Konstellationen nicht unterschiedlicher sein könnten. Die Familie Cohen suggeriert dem Zuschauer das Bild einer nahezu perfekten Familie. Die Ehepartner lieben sich und die Beziehung zu Seth und dem neuen Familienmitglied Ryan ist gut.

Obwohl immer wieder Probleme und Konflikte auftauchen, gelingt es der Familie, schwierige Situationen durch den Zusammenhalt durchzustehen. Der Kontakt zu Sandys Mutter wird wieder hergestellt und auch Kirstens Schwester Hailey tritt wieder in das Leben der Familie. Durch die Heirat Calebs mit Julie Cooper verändern sie die Familienkonstellationen und die Familie Cooper, Nicol und Cohen werden gesetzlich eine Familie.

Ganz im Gegenteil zur Familie Cooper: die berufliche Katastrophe und das folgenden finanzielle Aus von Jimmy Cooper lassen schon zu Beginn der ersten Staffel die Familie Cooper zerbrechen. Konflikte werden nicht gemeinsam durchgestanden. Die Familie verbringt nur bei gemeinsamen öffentlichen Feierlichkeiten Zeit zusammen, immer darauf bedacht, den Schein einer perfekten Familie nach Außen aufrecht zu erhalten. Jimmy ist stets damit beschäftigt, seinen Töchtern Unterstützung anzubieten, hat aber selber mit seinen Problemen zu kämpfen. Der fehlende Zusammenhalt der Familie bereitet Marissa großen Kummer und führt bei ihr zu einer Reihe von Problemen.

Die zerrüttete Familie von Ryan ist ein weiteres Familienmodell, was in der Serie nur am Rande thematisiert wird. Im Vordergrund steht Ryans neues Leben bei den Cohens.

Vater und Bruder sind im Gefängnis, die Mutter ist alkoholabhängig und lebt zu Beginn der Serie mit ihrem brutalen Lebensgefährten zusammen.

Die unterschiedlichen Konflikte der Familien sind es vermutlich, die viele Zuschauer ansprechen und dazu bringe, die Serie regelmäßig zu verfolgen. Man kann sich mit den einzelnen Charakteren identifizieren da die unterschiedlichen Personen eine breite Anzahl an Charakteren des täglichen Lebens vertreten: Sandy und Kirsten als erfolgreiche Geschäftsleute, die aber neben ihren Beruf viel Wert auf die Familie legen. Seth, der Außenseiter, der beginnt aus seiner Welt auszubrechen. Ryan, der Kleinkriminellem, der den Sprung in ein besseres Leben schaffen soll. Jimmy als gescheiterter Ehe- und Geschäftsmann, der sein Leben neu ordnen muss und Julie als intrigante Ehefrau. Marissa als verletzte Tochter, die sehr mit den Konflikten in der Familie und mit Freunden zu kämpfen hat.

Besonders jugendlichen Zuschauern wird die Möglichkeit geboten, in den Geschichten der Freunde Marissa, Seth, Luke, Anna und Summer Konflikte des Erwachsenwerdens zu erkennen.

Die Haltung der Serie gegenüber der High Society bleibt stets kritisch. Es zeigt sich, dass materieller Reichtum nicht zwangsläufig ein sorgenfreies und besseres Leben beschert.

Anhand des Aufstiegs der Figur des Sandy Cohen erkennt der Zuschauer, dass es sich lohnt, für seine Interessen und Ziele zu kämpfen,

Die Mischung aus einem bekannten Serienkonzept, einem Muster, dass OC California mit vielen Familienserien teilt, neuen Gesichtern und einer Umgebung, von der viele Menschen träumen, ist es vermutlich, die OC California besonders bei den jungen Zuschauern beliebt macht.

Somit gehört die Familienserie OC California zu einem Genre, dass im Fernsehalltag fest integriert ist. Die Familie ist nach wie vor ein interessantes Thema für Fernsehzuschauer.

Quellenverzeichnis

Primärquellen

Schwartz, Josh, 2003.*The O.C..* USA: Warner Bros.

01 Fremde Welten

02 Das Musterhaus

03 Glücksspiele

04 Das Debüt

05 Aussenseiter

06 Die neue Freundin

07 Tijuana

08 Der Test

09 Höhenangst

10 Traumpaare

11 Rückkehr nach Chino

12 Das Geheimnis

13 Das beste Weihnukkah aller Zeiten

14 Countdown

15 Neue Freundschaften

16 Falsches Spiel

17 Rivalen

18 Die Wahrheit

19 Gebrochene Herzen

20 Irrungen und Wirrungen

21 Abschied

22 Hollywood

23 Eine böse Überraschung

24 Der Antrag

25 Die Verlobungsfeier

26 Viva Las Vegas

27 Die Entscheidung

Sekundärquellen

Wünsch Marianne, Jan-Oliver Decker, Hans Krah: Das Wertesystem der Familien im Fernsehen. In : Themen, Thesen, Theorien. Bd. 9.1996.

http://www.fox.com/teenchoice/showinfo (25.07.2006)

http://german.imdb.com/name/nm0777300/awards (25.07.2006)

http://german.imdb.com/title/tt0362359/awards (25.07.2006)

http://www.myfanbase.de/index.php?mid=916&pid=2052 (25.07.2006)

http://www.theocshow.com (25.07.2006)